Dieses Buch gehört

MORITZ

# Liebe Eltern,

wir wollen Ihr Kind beim Lesenlernen unterstützen, und zwar mit spannenden und lustigen Geschichten.

Unsere Bücher mit der liebenswerten Bildermaus begleiten Ihren Sohn oder Ihre Tochter durch die Vorschule. Sie enthalten kurze Geschichten mit einfachen Sätzen sowie großer und leicht lesbarer Schrift. Hauptwörter werden durch kleine Bilder ersetzt. Lesen Sie die Geschichten vor und lassen Sie Ihr Kind die Bilder selbst benennen. Am Ende finden Sie eine Bild-Wörterliste mit den einzelnen Bedeutungen. Viele bunte Illustrationen sorgen außerdem für Lesepausen und helfen, die Geschichte zu verstehen.

So wird der Spaß am Lesen geweckt, und Ihr Kind wird ganz nebenbei von der Bildermaus zum echten Leselöwen!

Ihre
Bildermaus

THiLO

# Autogeschichten

Illustriert von Michael Böhm

www.bildermaus.de

FSC
www.fsc.org
MIX
Papier aus ver-
antwortungsvollen
Quellen
FSC® C109273

ISBN 978-3-7432-0143-9
1. Auflage 2019
© 2019 Loewe Verlag GmbH, Bindlach
Umschlag- und Innenillustrationen: Michael Böhm
Umschlaggestaltung: Ramona Karl
Vignetten Bildermaus: Angelika Stubner
Reihenlogo nach einem Entwurf von Angelika Stubner
Printed in EU

www.loewe-verlag.de

# Inhalt

# Winterreifen

Wenn Matti groß ist, will er

werden. Schon jetzt darf er Papa

oft mit dem  helfen. Heute

müssen die  für den  auf

das  aufgezogen werden.

Papa zeigt Matti genau, wie das

alles funktioniert.

„Zuerst müssen wir das  mit

dem 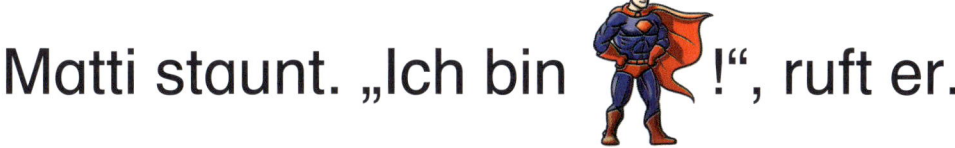 aufbocken", erklärt Papa.

Matti versucht es sofort. Mit

einer 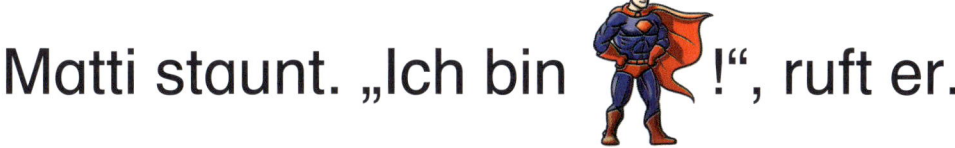 schraubt er den

nach oben. Das hebt sich.

Matti staunt. „Ich bin !", ruft er.

„Mit meinen  kann ich ein

hochheben!" Papa lacht. Dann

lösen sie die . Dafür

brauchen die beiden einen

großen . Der sieht aus

wie ein .

10

Vorsichtig ziehen sie dann

den  ab. Schon rollt Papa

den neuen  aus der  .

Gemeinsam heben sie den  an

und setzen ihn ein. „Puh!", stöhnt

Matti. „Das ist ganz schön schwer!"

Außerdem sind seine  nun

ganz schwarz. Den nächsten

will Matti selbst holen. Doch auf

halbem  rutscht er ihm weg.

Schnell saust der  bergab

die  hinunter.

Genau auf Minka zu, Mattis  !

„Minka, pass auf!", ruft Matti. Aber

die  hört nicht auf ihn. Matti

rennt los. Der  wird immer

schneller. Aber Matti rennt wie

ein  . Bald holt er den  ein.

Bevor er Minka erreicht, tritt Matti

ihn mit dem 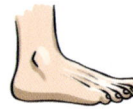 um. Matti rinnt

der  von der  . Mit seinen

schwarzen  wischt er die

ab. Dann schiebt er den

den  hoch zum  zurück.

„Na, 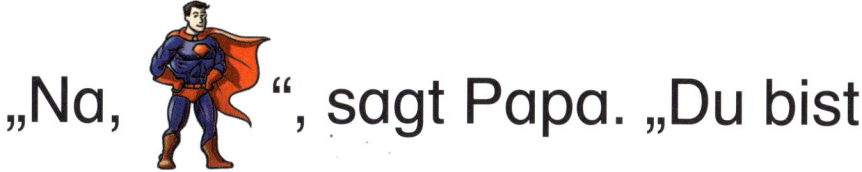 ", sagt Papa. „Du bist

ja fast geflogen!" Matti schnauft

wie ein . Aber er grinst

stolz in den . Mit den

schwarzen  auf der  sieht

er fast wie ein richtiger  aus!

# Ein roter Sportwagen

Konstantin sitzt hinten im

und langweilt sich. Die ganze

war am . Jetzt fahren sie

zurück. Es dauert lange und es

gab . Jetzt fahren die

wieder. „Wir sind ja gleich da",

verspricht Mama.

Aber das hat sie vor drei

auch schon gesagt. Da knattert ein

roter  an ihnen vorbei.

Konstantin ist ganz neidisch. „Ich

wünschte, wir hätten auch so einen

roten  ", murmelt er.

„Mit so einem  wären wir

viel schneller wieder zu !"

Kurz darauf fängt Papa an zu

schimpfen. „So ein !". Aus

dem  kommt schwarzer .

Sofort fährt Papa auf einen .

Er öffnet die 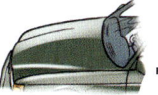. Jetzt qualmt

es noch viel mehr. „Es hilft nichts“,

sagt er und zieht sein . „Wir

müssen einen  rufen.“

Konstantin und seine  warten

nicht lange.

Schon kommt ein  auf

den  . Mit seinem  zieht er

das  auf die  . Konstantin

findet das spannend. Er darf mit

seinen  im  mitfahren. In

der  prüft ein  das  .

„In drei 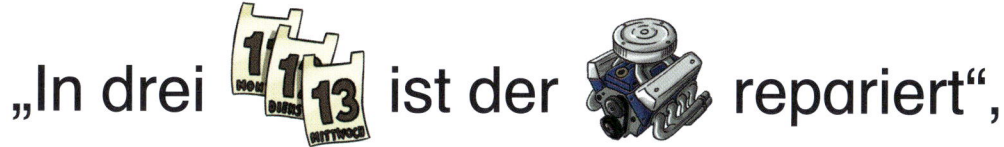 ist der  repariert",

sagt er. „So lange leihen wir euch

ein anderes ." Doch als er

auf den sieht, sind alle

schon verliehen. Nur eines steht

noch da: ein roter .

„Den kann ich euch nicht geben",

sagt der . „Da passen

eure  nicht rein." Konstantin

reißt die  auf. „Das macht

nichts!", ruft er schnell. „Wir haben

genug  zu !"

Papa lacht. „Stimmt!", sagt er. Jetzt

geht es Papa wieder richtig gut.

Einen roten  wollte er

auch schon immer mal fahren.

Und Konstantin ja sowieso!

## In der Stadt

Tom und Lea fahren mit Mama in

die . Ihr treuer  Bob ist

natürlich auch dabei. Die beiden

müssen zum . Das ist nicht

schlimm. Der  will nur schauen,

ob ihre 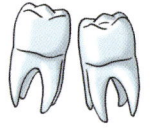 gesund sind.

Trotzdem ist Tom schlecht gelaunt.

Denn beim  sind

verboten. Als das  anhält,

streicheln Tom und Lea ihrem

noch einmal über den  . „Wir

sind gleich wieder zurück",

versprechen die beiden  .

Lea macht das  ein bisschen

auf. Dann schließt Mama das

ab. Beim  dauert es heute

viel länger als sonst. Immer wieder

schaut Tom auf die .

Als sie endlich fertig sind, laufen

Tom und Lea sofort los. „Wir

treffen uns auf dem !", rufen

sie Mama zu. Aber als sie am

ankommen, spürt Tom einen

dicken  im : Bob ist weg!

Ist ihr  weggelaufen? Oder hat

ein  den  aus dem

geklaut? Lea rüttelt an den .

Sie sind verschlossen. „Was macht

ihr denn da?", fragt Mama. „Bob ist

verschwunden!", ruft Tom.

„Das war ein !", schreit Lea.

Da fängt Mama an zu lachen.

„Unser ![] steht da drüben", sagt

sie. „Schaut mal, das BO-B25 ist

anders!" Mama zeigt auf das BO-B25.

Tatsächlich! Aber sonst ist es das

gleiche ! Tom und Lea

werden rot wie . Schnell

laufen sie zum richtigen .

Auf der  hockt Bob und

wedelt mit dem . „Wenn ich

ein  wäre, würde ich dich sofort

klauen", flüstert Tom Bob ins .

Lea nickt. „Du bist sooooo süß!",

fügt sie hinzu.

# Überraschung zum Geburtstag

Mick hat . Er wird sechs und

bekommt ein ganz besonderes .

Papa hat einen  gemietet.

Kaum ist die  aufgegangen,

brausen sie los und fahren in

die . Als die  aufhört,

müssen alle anderen  parken.

Aber mit einem  braucht

man keine . Über

und  geht es weiter. Oben

auf einem  halten sie an. Hier

ist ein kleiner . Mick zieht sich

seine  an und springt ins .

Auch Papa hüpft dazu. Danach

sammelt Papa . Am

wärmen sie sich auf. Dann spießen

sie auf einen und

grillen. „Das sind die besten

der !", schwärmt Mick.

Doch er ist auch ein bisschen

traurig. Die   geht nämlich

schon unter. Sein  ist fast

vorbei. Da lächelt Papa. „Wir

bleiben über hier", sagt er

geheimnisvoll.

Auf dem  des  baut

er ein  auf. Mick muss mit

einer  ins  klettern.

In seinen 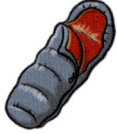 eingewickelt,

schaut Mick aus dem . So

nah war er den  noch nie!

Ihm ist ein bisschen unheimlich.

Aber Papa liegt ja neben ihm.

Mitten in der  wacht Mick auf.

Am  stehen drei  und

trinken.

„Wenn ich sieben werde, leihen wir

uns wieder einen  !", schlägt

Mick morgens vor. „Dann fahren wir

nach  und beobachten  !"

Papa lacht. „Und wir nehmen

Mama mit!"

# Die Wörter zu den Bildern:

 Auto-
mechaniker

 Schrauben

 Auto

 Schrauben-
schlüssel

 Reifen

 Kreuz

 Winter

 Garage

 Wagenheber

 Hände

 Kurbel

 Weg

 Superman

 Straße

 Muskeln

 Katze

 Fußballer

 Meer

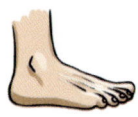 Fuß

 Stau

 Schweiß

 Stunden

 Stirn

 Sportwagen

 Berg

 Haus

 Walross

 Mist

 Außenspiegel

 Motor

 Streifen

 Rauch

 Familie

 Rastplatz

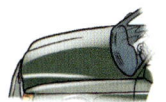 Motorhaube

 Koffer

 Handy

 Augen

 Abschlepp-
wagen

 Klamotten

 Eltern

 Stadt

 Haken

 Hund

 Ladefläche

 Kinder

 Werkstatt

 Zahnarzt

 Tage

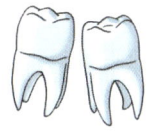 Zähne

 Parkplatz

 Kopf

 Fenster

 Schwanz

 Uhr

 Ohr

 Kloß

 Geburtstag

 Hals

 Geschenk

 Dieb

 Gelände-wagen

 Türen

 Sonne

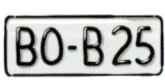 Nummern-schild

 Stock

 Tomaten

 Stein

 Rückbank

 See

 Badehose

 Leiter

 Wasser

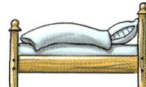 Bett

 Holz

 Schlafsack

 Lagerfeuer

 Sterne

 Würstchen

 Gämsen

 Welt

 Afrika

 Nacht

 Elefanten

 Dach

 Zelt

Die ersten 20 Lebensjahre verbrachte THiLO in der Kinderecke der elterlichen Buchhandlung. Heute lebt er mit seiner Familie in Mainz und schreibt neben seinen Romanen auch Drehbücher fürs Fernsehen. Mehr über THiLO und seine Geschichten erfahrt ihr im Internet unter www.thilos-gute-seite.de.

Michael Böhm, 1974 in Dortmund geboren, lebt mit seiner Frau in Hamburg. Seit er ein kleiner Junge war, zeichnet er am liebsten alles, was Räder hat, und konnte das Hobby zum Beruf machen. In der Freizeit schraubt er auch gern an seinem alten Auto rum. Mehr über Michael Böhm erfahrt ihr unter www.digillani.de.

# Noch mehr Lesespaß!

ISBN 978-3-7855-8954-0

ISBN 978-3-7432-0135-4

ISBN 978-3-7432-0132-3

ISBN 978-3-7432-0134-7

Das will ich lesen!